COMMENT TRAVAILLAIT LE PLAY

SOUVENIRS PERSONNELS

PAR

M. FRANÇOIS ESCARD

Extrait de la *RÉFORME SOCIALE*
(16 mai 1907)

PARIS

AU SECRÉTARIAT DE LA SOCIÉTÉ D'ÉCONOMIE SOCIALE

54, RUE DE SEINE, PARIS (VIe)

1907

ÉCOLE DE LA PAIX SOCIALE

FONDÉE PAR

F. LE PLAY

SECRÉTARIAT GÉNÉRAL : 54, rue de Seine.

SOCIÉTÉ INTERNATIONALE D'ÉCONOMIE SOCIALE

La Société, fondée par Le Play, s'est constituée le 27 novembre 1856, pour remplir le vœu exprimé par l'Académie des sciences, en couronnant l'ouvrage intitulé les *Ouvriers européens*. Elle applique à l'étude comparée des diverses constitutions sociales la méthode d'observation, dite des monographies des familles. Elle reproduit les monographies les plus remarquables dans le recueil intitulé les *Ouvriers des deux mondes*, et publie le compte rendu sommaire de ses séances dans la *Réforme sociale*, bulletin de la Société d'économie sociale et des Unions.

La Société d'économie sociale se compose de *Membres honoraires* versant une cotisation de 100 francs par an au minimum, et de *Membres titulaires* payant 25 francs. L'un et l'autre de ces deux prix donnent droit à recevoir la *Réforme sociale*, qui est adressée à tous les Membres deux fois par mois, le 1er et le 16, et les *Ouvriers des deux mondes*, qui paraissent par livraisons annuelles.

De 1856 à 1865, le *recueil des séances* forme 9 vol. in-8° avec tables méthodiques, en collection 90 fr., chaque vol. 10 francs. — Depuis 1866, le *Bulletin* est complété par les 2e, 3e, 4e et 5e séries.

LES UNIONS DE LA PAIX SOCIALE

COMMENT TRAVAILLAIT LE PLAY

SOUVENIRS PERSONNELS

PAR

M. FRANÇOIS ESCARD

Extrait de la *RÉFORME SOCIALE*
(16 Mai 1907)

PARIS

AU SECRÉTARIAT DE LA SOCIÉTÉ D'ÉCONOMIE SOCIALE

54, RUE DE SEINE, PARIS (VIe)

1907

COMMENT TRAVAILLAIT LE PLAY

SOUVENIRS PERSONNELS

PAR

M. FRANÇOIS ESCARD

Le 25 novembre 1877, un domestique m'apportait avec une carte une lettre fermée ; la lettre, datée du même jour, disait : « Monsieur, je désirerais vous adresser une question au sujet du changement qui s'est opéré depuis la description de Legrand d'Aussy relative à l'histoire des Quittard-Pinon que vous avez visités en octobre dernier. Je vous serais fort reconnaissant si vous vouliez bien indiquer au porteur les moments où j'aurais le plus de chance de vous rencontrer. Je me propose à tout hasard de me présenter chez vous demain dimanche. » Après ces mots, un renvoi qui avait permis d'ajouter sous la signature, à la fin de la page : « Si en raison de l'état de ma santé je ne suis pas empêché de sortir par la continuation de la pluie. »

La signature, d'une écriture tout horizontale, et si bien dessinée qu'elle rappelait le précepte sacré d'Ingres : « Le dessin est la probité de l'art, » — de cette probe écriture que je devais revoir bientôt chaque jour, disait : « F. Le Play, ancien sénateur, 6, place Saint-Sulpice. »

Pierre-Guillaume-Frédéric Le Play avait alors dépassé 71 ans, et, en outre de son âge, à l'égard duquel je devais me faire scrupule de l'encourager à venir chez moi, rue Carnot, pour y monter plus de 80 marches, les recherches auxquelles je m'étais livré pour choisir utilement les renseignements dont il me faisait l'honneur de me demander communication m'avaient appris la grande valeur scientifique et la prééminence morale de celui qui daignait s'informer auprès de moi. J'avais parcouru la première édition des *Ouvriers européens* et dressé, à la veille de partir pour l'Auvergne, mon questionnaire d'après la *Méthode des Monographies de famille* ; j'avais lu attentivement *l'Organisation de la Famille* et *l'Organisation du Travail* ; j'admirais en lui déjà un homme que j'étais appelé à tant affectionner ; enfin, je jugeais que je devais à sa sûre méthode d'observation d'avoir pu recueillir en peu de temps la multitude de détails que je rapportais de Pinon sur les Communautés de familles rurales, et qu'ils lui appartenaient un peu par conséquent.

Sa lettre était la conséquence d'un avis qui terminait la réponse que lui avait faite de Thiers un correspondant auquel il s'était adressé de Paris, — je crois me rappeler que c'était M. le curé de Thiers et qui lui disait : « M. E..., employé à la Bibliothèque nationale (rue Carnot, n° 3, à Paris), a passé la journée entière du 5 octobre à Pinon », — c'était la dixième de mon investigation, — « à fouiller dans les vieux papiers qui restent, à visiter les vieux bâtiments, à questionner sur les coutumes du vieux temps.... et pourra donner tous les renseignements désirables. Ne pas manquer de s'adresser à lui. »

Dans ma réponse à M. Le Play, je proposai pour le lendemain de rendre visite, place Saint-Sulpice dans l'après-midi, et, à l'heure dite, je me trouvais bien exactement au rendez-vous. Je fus présenté à MM. Focillon et Cheysson, que M. Le Play avait convoqués exprès pour cette rencontre (je ne devais entrer en rapports avec mon ami Delaire que quelques jours plus tard), et dès aussitôt la conversation porta uniquement sur les Quittard-Pinon.

Comme Socrate, le Maître était un habile « accoucheur d'idées ». Assurément, son but principal en se renseignant sur mon enquête, avec l'acuité de son intelligence toujours en éveil devant les faits, était de s'assurer en quelle proportion elle pouvait confirmer les bienfaits de la tradition et les dangers inhérents à la nouveauté : une institution telle que la Communauté des biens de famille, née sous le patronage des hauts seigneurs terriens, et qui avait produit pendant près de mille ans la prospérité de nombreuses générations, devait fournir plus d'un argument contre les partisans d'un renouvellement intégral de la société française, et, en particulier, du morcellement des héritages ; — assurément encore, le contrôleur expérimenté de toutes les idées sociales qu'était M. Le Play, celui qui était allé découvrir au fond des vallons du Lavedan les origines de la famille-souche (1) qu'il proposait si justement comme modèle aux travailleurs de la terre ne pouvait douter que ce fût le respect du Décalogue, de l'autorité paternelle, de la fidélité permanente aux engagements originaires qui eussent fait le bonheur des Quittard-Pinon pendant une si longue durée ; — mais en même temps qu'il désirait connaître ainsi en quelle mesure la législation

____

(1) « Les coutumes *souchères* sont celles où, pour succéder à un propre, il faut nécessairement être issu du premier acquéreur ». Gans, *Histoire du droit de succession au moyen âge*, trad. par de Loménie, p. 178.

née de la Révolution pouvait avoir atteint la constitution de la famille auvergnate (1) comme elle avait fait de la famille pyrénéenne (2), le Maître voulait apprendre si c'était en conformité avec les doctrines de *la Réforme sociale* que l'ex-attaché de la Bibliothèque impériale et nationale avait eu la pensée de s'intéresser aux Communautés de familles rurales, ou bien si c'était simplement par goût d'érudition.

Non, le point de vue auquel je m'étais placé était tout le contraire de celui auquel sa haute raison et l'expérience avaient conduit M. Le Play; mais la sincérité n'était pas pour lui déplaire, il la provoquait de son mieux à l'égard de quiconque entrait en rapports avec lui : « Il y a quelque chose à faire avec notre jeune ami, » — voulut-il bien dire devant moi à MM. Cheysson et Focillon, — « vous êtes entré dès aujourd'hui, si vous le voulez, dans le milieu qui convient à la nature de vos recherches et à votre intelligence curieuse : consentez-vous à nous revoir ? »

Mis au courant des habitudes journalières de M. Le Play, peu de jours après je commençais avec lui, sur son invitation, cette bienheureuse série de promenades quotidiennes à travers le Luxembourg au cours desquelles j'en appris plus, sur le fonctionnement des sociétés humaines, les causes de leurs progrès et les causes de leurs décadences qu'en dix années de lectures suivies (3) ; pour ma part, j'apportais dans nos conversations mon pauvre petit bagage historique, et je voyais, d'abord avec surprise, puis avec la joie que la rencontre de la vérité donne à toute intelligence, les faits de l'histoire éclairés pour moi d'un jour éclatant et classés de main de maître à une valeur relative bien différente de celle que je leur avais vu attribuer jusque-là.

M. Le Play était d'une complaisance inlassable pour expliquer, redresser ou accepter un terme nouveau ; et il ne se refusait à aucun retour en arrière sur ses propres hésitations, les hésitations de sa pensée devant les faits : « J'ai changé plus d'une fois, — nous disait-il, — car nous étions parfois plusieurs de ses disciples associés

(1) *Bulletin des séances de la Société d'Economie Sociale* : séance du 14 avril 1878, t. VI, p. 126.

(2) *Bulletin des séances de la Société d'Economie sociale* : séance du 3 décembre 1876, t. V, p 353 ; et Le Play: *l'Organisation de la famille*, avec trois appendices de MM. Emile Cheysson, Claudio Jannet, etc. Mame, 1875.

(3) Un adage de ce peuple chinois, que Le Play estimait si haut, ne dit-il pas : « Une nuit passée en conversation avec un sage vaut mieux que dix années de lectures suivies... »

à ses promenades, Béchaux, Claudio Jannet, Reichenbach entre autres, — et je suis tout prêt à changer encore, ajoutait-il, là où l'on me montre que je me suis trompé. »

La première question directe que M. Le Play adressait à ses amis absents depuis un peu ou beaucoup de temps était celle-ci : « Quels faits nouveaux nous apportez-vous ? » C'était à peu près la même formule à l'égard de ses nouvelles recrues. « Quelles observations personnelles vous plaît-il de comparer aux observations recueillies dans nos enquêtes antérieures ? » Et si des conclusions trop hâtives, mal appuyées sur les réalités, prenaient au cours d'une conversation une place prépondérante dans la proportion des faits exposés : « Nous aimons mieux ici, disait-il bientôt, des recueils de faits bien observés que des exposés de doctrines. » Et plus d'un homme très disert s'est récusé de lui-même au moment de prendre place parmi les leaders de la Société d'Économie sociale, en se rendant compte que ce rôle y exigeait plus de jugement, d'attention aux faits sociaux, que de rhétorique et de belle littérature.

M. Le Play travaillait seul toute la matinée; mais, après le déjeuner de midi, il sortait pour sa promenade. D'ordinaire, je me rendais au-devant de lui vers une heure; nous traversions la place Saint-Sulpice — nous arrêtant sous le vaste péristyle de l'église, s'il pleuvait, — puis nous suivions la longue allée du Luxembourg jusqu'à l'Observatoire; la Pépinière était toujours l'objet d'un détour, soit à l'aller, soit à la fin de cette promenade, et je laisse à penser combien la causerie que M. Le Play voulait bien engager en marchant était attrayante. D'intermittentes qu'elles furent au début‘ ces conférences en plein air devinrent pour moi journalières, et peu à peu M. Le Play m'attira plus près de lui.

Il procédait alors à la refonte en six volumes in-8° des *Ouvriers européens*, dont la 1re édition, de 1856, était de format in-folio, et il en était arrivé de ce travail difficile aux tomes IVe et Ve; le tome Ier devait venir à l'impression seulement après le VIe pour contenir, avec l'exposé de la méthode, les définitives conclusions de l'auteur. — Au fur et à mesure de l'apparition des épreuves, il en faisait parvenir les exemplaires à un certain nombre d'amis : MM. Rondelet, les abbés Riche et de Tourville, Cheysson, Focillon, Wilbois, et il voulut bien m'associer un jour à cette vérification. Les éditeurs de cette deuxième et dernière édition étaient MM. Mame, de Tours, dont le nom y reste attaché, mais pour la commodité du travail, cette maison avait accepté de le faire imprimer à Paris, chez Quantin, rue Saint-Benoît; j'accompagnais souvent M. Le Play à l'imprimerie et je figurai bientôt tout à fait sur la liste de répartition des épreuves à corriger.

Sur ces entrefaites, les séances annuelles de la Société d'Économie sociale allaient recommencer, et la première de la session était fixée au 3 mars pour l'année 1878.

Dès le premier jour de la fondation de la Société d'Économie sociale, en 1856, le Maître avait assumé les fonctions de secrétaire général, qu'il a conservées jusqu'à la fin de sa vie (et M. Delaire, qui lui a succédé dans ce poste pénible, en 1884, après un intérim d'un an par M. Albert Le Play, nous a bien montré, pendant vingt-cinq ans, que ce ne fut jamais ce qu'on appelle une honorable sinécure) : convocations, publication du Bulletin (1), conférences, correspondances, tout, pendant la vie de M. Le Play, aboutissait à la place Saint-Sulpice, en partait et y revenait. Or, vers la fin de cette année 1877, où j'avais eu la fortune inattendue de connaître M. Le Play, et tandis que je n'étais pas encore membre de la Société d'Économie sociale, le Maître me parlant des séances publiques qu'elle tenait huit fois par an dans la grande salle de la mairie du Ier arrondissement, place du Louvre, me demanda s'il me serait agréable d'y être invité et, ma réponse ne pouvant être que très affirmative, je reçus peu de temps après une convocation imprimée qui disait : « Monsieur et cher confrère, j'ai l'honneur de vous informer que la Société d'Économie sociale tiendra sa première séance pour la session 1878 le dimanche 3 mars, dans le lieu ordinaire de ses séances, à midi trois quarts très précis. » Au bas de la feuille était l'indication manuscrite : *T. S. V. P.*; puis, au verso de cette première page, je lisais, écrit à la main, sous la dictée de M. Le Play, cet « Avis : [Tous les vendredis qui précèdent les huit séances annuelles, on se réunit chez moi à 8 h. 1/2. [L'auteur de la conférence indiquée pour le dimanche suivant expose son plan. [Les assistants donnent leur(s) conseil(s), et ils examinent s'il leur convient de prendre la parole dans la discussion du dimanche, conformément à un accord avec l'auteur. »

Ce post-scriptum m'était doublement personnel : il répondait

<hr>

(1) Le *Bulletin de la Société internationale des Etudes pratiques d'Economie ciale* a débuté par le compte rendu de la séance du 18 décembre 1864; jusqu'à cette date, les procès-verbaux détaillés de ses réunions recevaient l'hospitalité dans *l'Economiste français*, dirigé par M. Jules Duval.

d'abord, avec un grand respect pour mon amour-propre, aux raisons qui m'avaient fait refuser jusque-là de faire, devant la Société
d'Économie sociale, un rapport sur mon exploration historique en
Auvergne sous excuse que je n'avais pas l'habitude de parler en
public, car licencié en droit n'est pas toujours synonyme d'avocat;
— il m'assurait, en outre, le concours propice d'orateurs expéri-
mentés pour un apprentissage attrayant et tout bienveillant. M. Le
Play avait eu, dès l'origine de nos relations, la pensée de cette
préparation par laquelle tous les jeunes disciples qui m'ont précédé
ou suivi auprès de lui furent initiés peu à peu à communiquer par
la parole avec des auditeurs de choix, — au nombre desquels les
membres de la Société d'Economie sociale étaient priés par le Con-
seil « d'amener à la séance les dames de leurs familles »; en ce
second lieu, cet avis m'introduisait de plain-pied dans les travaux
de la Société, que je n'avais encore qu'entrevus à travers mes conversations avec M. Le Play.

Dès que le moment était venu pour chacun de nous de céder aux
encouragements dont nous étions l'objet de la part du Maître,
M. Le Play nous aidait à fixer le titre de notre étude. J'avais pro-
posé : « Une famille rurale à travers dix siècles de l'histoire de
France. » Je n'eus pas de peine à accepter d'y substituer heureu-
sement celui-ci : « Famille de paysans de l'Auvergne en communauté
de biens. » Puis M. Le Play me fit adopter une meilleure disposi
tion des matières que celle que j'avais préparée, et arriver jusqu'à
des conclusions que je n'avais pas encore entrevues.

Sauf cette soirée du vendredi, consacrée une fois par quinzaine
à la préparation de la séance publique, tous les autres soirs se
passaient chez M. Le Play, en famille : « Le travail finit, disait-il,
quand la soupe est servie »; et, en effet, à l'exception de telle ou
telle occasion où la présence de quelque illustre visiteur étranger
nécessitait une dérogation à ces réconfortantes habitudes familiales,
M. Le Play s'asseyait après le dîner à une table de whist avec ses
amis, et le « silence » était respectueusement observé dans le grand
salon : seuls, le susurrement du samovar sur la table centrale, et
les causeries échangées à voix basse entre les autres convives à
quelque bout de la vaste pièce se faisaient entendre discrètement.
Vers neuf heures, et pendant que Mesdames Le Play offraient le
thé, la conversation redevenait générale, sur les faits du jour, les
ivres nouveaux, les journaux.

C'est dans ces conversations que plusieurs d'entre nous, MM. Coquille et Rondelet, puis MM. Demolins, Saint-Genest, Urbain Guérin, par exemple, prenaient les éléments de leurs articles pour l'*Univers*, le *Figaro*, le *Soleil*, la *Revue du Monde catholique*, le *Correspondant*, la *Revue de France*, la *Décentralisation*.

Dans son zèle pour la propagation des vérités dont il s'était fait l'ardent et persévérant apôtre, M. Le Play ne s'en tenait pas à verser les trésors de sa longue expérience et d'un jugement de premier ordre dans l'intelligence de ses jeunes amis, et de provoquer leur raison, éprouvée ou juvénile, à la recherche des faits et des leçons qui devaient en ressortir ; il agissait aussi à toute occasion, même à distance, sur des esprits dont il pouvait arriver à faire des collaborateurs de son œuvre, parfois bien imprévus. Fidèle aux règles d'observation de notre Maître, je ne veux parler explicitement ici que de deux de ses tentatives de propagande dont les circonstances se sont déroulées sous mes yeux.

Dans les notes de *Mes conversations avec Le Play*, je retrouve ces souvenirs que je reproduis *in extenso*. C'était en 1879. Le Maître, toujours attentif à ce qui pouvait contribuer à la restauration de sa chère patrie, avait invité l'auteur des *Idées de Madame Aubray* à venir s'entretenir avec lui à l'occasion de la Préface d'une de ces comédies, et Alexandre Dumas fils s'était rendu une après-midi place Saint-Sulpice, avec un respectueux empressement. — Quand il eut été annoncé : « Je désire que vous assistiez à cet entretien », me dit M. Le Play, tandis que je faisais mine de me retirer ; « avec des hommes qui ont connu la vie aussi profondément que celui-ci, ajouta-t-il, il y a toujours quelque bon profit. C'est d'ailleurs la méthode d'observation des faits. » — Dès que j'eus été présenté, je me plaçai devant le pupitre où M. Le Play travaillait quelques instants auparavant, tandis que les deux interlocuteurs arpentaient la grande pièce dans sa longueur.

« Votre père que j'ai beaucoup connu, vous le savez, commença M. Le Play, était, comme disait de lui Michelet, « une des forces de la nature. » Vous êtes devenu une des forces de la société, une Autorité sociale. J'ai voulu vous demander de m'aider, d'agir avec moi pour le redressement de notre race, si malheureuse aujourd'hui.

— Eh ! comment le pourrai-je, mon cher Maître !... Elle est, en effet, bien malade... Si nous la laissions aller tout doucement jusqu'au bout du rouleau.

— Dieu a fait les nations guérissables, mon ami.

— Quand elles veulent guérir, certes oui, fit vivement Dumas. Or j'ai bien peur que la France ne ressemble à présent à ces malades dont un médecin de mes amis me disait ces jours-ci : « Nous n'avons tous rien de plus pressé, quand notre linge revient bien lisse et bien blanc de chez le blanchisseur, que de le friper et salir de nouveau; ainsi la plupart de nos clients ne nous demandent le recouvrement de leur santé que pour la compromettre aussitôt. »

— Mais ceux qui souffrent par la faute des autres, insista M. Le Play, l'enfant, la femme séduite, ne faut-il pas les secourir?

— Qu'y pouvons-nous, Maître? Qu'y puis-je, du moins?

— Les introductions de vos drames sont partout commentées;... vous devriez, dans une, dans plusieurs même, toucher à la question de la paternité, de l'enfant naturel, de la séduction.

— Les enfants naturels?... Mais pourquoi tant regretter qu'il en existe? répliqua le boulevardier qui était en Dumas fils; et il me semble que depuis Moïse jusqu'à... »

Mais, s'avisant devant la physionomie subitement attristée de M. Le Play que ce ne pouvait être là le ton de la conversation dans cette maison, il arrêta court sa fanfaronnade de scepticisme, et se reprenant :

— Il y aurait mieux que cela, dit-il avec sympathie.

— Un livre, évidemment, dit M. Le Play.

— Non, mais quatre lignes dans un Code; trouvons l'occasion de glisser ces quatre lignes dans une loi, et nous sauverons la situation, acheva-t-il, faisant par ces mots une allusion délicate aux tentatives infructueuses jusqu'alors de M. Le Play.

— Hélas! oui, car nous sommes un des rares pays du monde qui n'a point de législation contre la séduction; aussi faut-il agir sur l'opinion, sur le public, et vous devriez bien me promettre de faire quelque chose dans cet esprit. Promettez-le-moi, mon ami, promettez-le-moi, répétait M. Le Play en lui pressant les mains avec émotion.

— Je le ferai,... bien sûr, répondit enfin Dumas; mieux encore... je le fais.

— Comment donc?

— Je prépare une pièce où le sujet est traité à fond. Voici comme :

Et s'étant assis, il exposa le plan d'une comédie de mœurs dont la contexture générale était celle-ci :

« ...Dans une manufacture, une ouvrière a été séduite : son état ne va plus, bientôt, laisser de doute ; quel est le séducteur ? — Le chef, le manufacturier lui-même, le patron ! — Il va falloir qu'elle quitte la fabrique ; elle a une explication avec son amant. — Reproches, menaces. — « Avec de l'argent, nous arrangerons tout, conclut brutalement celui-ci ; et je te ferai épouser un de mes contremaîtres... » Sur ces entrefaites, le patron est averti que, pendant qu'il mettait à mal la pauvre fille, sa propre fille à lui se compromettait précisément avec un contremaître de sa fabrique. La thèse change alors de bord, et, disait Dumas, passe du côté Cour au côté Jardin. « Le misérable ! peut-on être assez infâme !... Une fille si belle ! Si bonne ! Si...! » Les passions se développent, et la comédie marche à sa conclusion par ces mots : « J'ai épousé, avec ou sans tare ; j'ai reçu 100.000 francs de dot ; ils ont fait des petits ; je donnerai un million à celui qui épousera ma fille ; et j'aurai un nom pour elle ; oui, un nom !... »

En terminant, Dumas rappelait ainsi qu'il avait fait jouer *Monsieur Alphonse* et *La Question d'Argent*, quelques années avant.

.   .   .   .

— « Mon ami, il ne fera rien, me dit M. Le Play, après l'avoir reconduit : lui aussi, il est malade. »

Je ne crois pas, en effet, que Dumas ait écrit sa pièce, du moins sous la forme qu'il se proposait en 1879 de lui donner ; mais peut-être que le dialogue que je viens de rapporter n'a pas été sans influence sur le cours de ses travaux, puisque le livre *Les Femmes qui tuent* est de 1880 (1). Ajoutons que, dans la Préface de *Monsieur Alphonse* qui est de 1879, l'auteur insiste : 1° sur la recherche de la paternité ; 2° pour le rétablissement des *tours* ; 3° pour l'adoption par l'État de tous les enfants nés hors du mariage.

Au cours de l'année 1880, exactement le 13 mars, M. Le Play réunissait dans son salon un grand nombre de ses amis et de dames, pour « à 4 heures un quart... entendre une lecture qui sera faite par M. Taine, de l'Académie française ». Cette lecture avait pour sujet la célèbre Psychologie du jacobin, que tout le monde a

(1) A l'occasion de la mort d'Alexandre Dumas fils... « Si cette pièce fut écrite, par hasard, et si elle est enfouie dans quelque tiroir, oubliée par Dumas lui-même, disait *Le Temps* du 28 décembre 1895, cela nous fait deux « Route de Thèbes » à espérer. »

pu retrouver dès lors dans *les Origines de la France contemporaine*. Persuadé depuis longtemps lui aussi que « depuis cent ans l'histoire est une conspiration contre la vérité » — l'expression est, je crois, d'Augustin Thierry, — M. Le Play était heureux et fier de voir proclamer chez lui, par la première audition d'une œuvre si documentée et qui devait avoir un immense retentissement, que le jacobinisme, en créant le courant de légalité autoritaire qui nous déprime, a marché au rebours du génie propre de la nation française, fait d'autant de fierté que de bonne volonté ; la France chrétienne pense comme cet ancien qui disait : « La coutume est un roi et la loi un tyran » ; le jacobin, au contraire, ne voit rien de plus légitime au nom de sa Raison, même contre le Droit, que d'imposer à un peuple une loi toute faite et sortie toute armée du cerveau plus souvent étroit d'un de ces docteurs systématiques, — « accoutumés, notait déjà à la fin du xviii⁰ siècle un compatriote de J.-J. Rousseau, Mallet du Pan, à gouverner avec des mots le globe entier, de la Pointe du Spitzberg au Cap de Bonne-Espérance. Pas un commis-marchand formé par la lecture de l'*Héloïse*, pas un bel esprit devenu publiciste en apprenant par cœur les *logogriphes* du *Contrat social* qui ne fasse aujourd'hui une constitution ».

On pense bien que, pour suffire à de si importantes et si diverses préoccupations M. Le Play avait dû conserver une santé physique et intellectuelle de premier ordre. Ses habitudes y avaient secondé une nature de la meilleure qualité.

M. Le Play se faisait éveiller à six heures ; il s'habillait à sept, et, à huit heures, son petit déjeuner pris, il était au travail, debout devant ce pupitre, placé en vue de la place Saint-Sulpice et bien exposé au midi, derrière une double fenêtre à la mode russe : comme Kant, il prenait les dispositions voulues pour n'avoir jamais dans la pièce où il se tenait ni moins ni plus que 14°, l'été comme l'hiver.

Chaque matin, ses petits-enfants, car tous les enfants que son fils, M. Albert Le Play, avait de son mariage avec Mˡˡᵉ Michel Chevalier vivaient avec lui sous le même toit, place Saint-Sulpice, vers 8 h. 1/2 donc, garçons et fillettes arrivaient en file indienne, les plus petits en avant, et en chœur lui disaient : « Bonjour, grand père ! »

— « Ah ! vous voilà, mignons, » faisait-il. Il posait la plume, prenait une boîte sous le couvercle de son bureau, et, en remettant à chaque enfant quelques pastilles de chocolat, il l'embrassait.

L'enfant disait : « Merci, grand-père », avec une courte révérence, et remerciait ainsi le bon « bon papa » autant du baiser que des bonbons, puis la file indienne reprenait la direction de l'appartement. « Que de temps nous perdons avec les enfants! me dit-il un jour, en souriant de tendresse; tâchons de bien employer pour eux celui qu'ils nous laissent. »

Aussitôt le silence rétabli, en effet, nous nous remettions chacun à notre tâche jusqu'à midi.

Ordinairement c'était pendant cette séance du matin que M. Le, Play rédigeait, sans jamais s'asseoir; — à sa droite, vers le milieu de la grande pièce, dont le fond était occupé par une bibliothèque, je travaillais pendant ce temps à préparer l'envoi de sa correspondance ou à corriger les épreuves reçues la veille pour la 2ᵉ édition des *Ouvriers européens* et, plus tard, de *La Constitution essentielle de l'humanité* (1).

Après la promenade au Luxembourg, ou, selon les besoins, aux ateliers de l'imprimerie Quantin pour hâter la composition des épreuves, M. Le Play voulait bien me communiquer son travail de la matinée, c'est-à-dire le relire avec moi, en débattre les pensées et les termes, en faire le rapprochement avec le texte d'autres auteurs par des citations; — puis, tandis qu'il reprenait à part lui ce travail de revision, ou qu'il se recopiait de cette ferme écriture qu'il a gardée jusqu'à la fin, j'expédiais à des amis personnels de M. Le Play, en assez grand nombre, les placards ou la mise en page que nous venions d'aller prendre une heure avant.

Je n'ai parlé jusqu'ici que de la manière dont M. Le Play produisait; il y a quelque intérêt à dire, à présent, comment il nourrissait son esprit et lui conservait son élasticité par la méditation et la lecture. J'ai sous les yeux un exemplaire de la *République*, de Platon qui va me servir à ce point de vue de premier memento et de guide avec deux ou trois autres livres offerts par les auteurs.

— Sur les deux « gardes », à l'entête et à la gauche du volume, sont tracés au crayon des chiffres qui rappellent les pages visées; dans celles-ci, deux sortes de repères : des soulignés de mots ou de

---

(1) Avant d'exprimer et de résumer sa doctrine sous la forme de son dernier ouvrage, M. Le Play avait soumis à ses amis le projet d'un catéchisme, « bréviaire social » d'Economie sociale, par demandes et réponses, dans lequel, avec l'enseignement de la méthode, auraient été abordées toutes les objections dont les Comptes rendus des débats des séances de la Société conservent les détails et l'ensemble.

lignes entières, et en face, à la marge des signes (+, —, ✕) que traçait lui-même M. Le Play et qui correspondaient dans sa pensée à deux ordres de jugements : approbation, désapprobation, ou : à discuter, à contrôler. Cette sorte de récapitulation équivalait à une table des matières détaillée et rendait les recherches très rapides et très sûres. Il faudrait peut-être citer ici en exemple quelques-unes de ces notations, mais je pense qu'il suffira aux adeptes de la doctrine leplaysienne de s'en remémorer les traits dominants, respect de la tradition, amour de la stabilité, patronage dévoué aux classes ouvrières, et de retrouver la plupart des citations d'auteurs qu'il a adjointes de préférence à ses écrits, pour juger de la sagesse de ces investigations et de ces assimilations.

En terminant *La Constitution essentielle de l'humanité*, notre Maître a écrit : « ... Je n'ai rien inventé. » S'il est vrai que sous la modestie de cette formule, M. Le Play voulait exprimer sa bonne foi inébranlable en face de tant de faits sociaux d'apparences souvent contradictoires, et dont il poursuivit pourtant l'observation patiente et sympathique durant un demi-siècle, il n'en est pas moins vrai que son génie en avait deviné les raisons d'être et que c'est Le Play qui plus courageusement que quiconque au xix⁰ siècle aura proclamé les conséquences, bonnes ou néfastes pour les sociétés humaines, du bien ou du mal accompli ; de ses observations il a su tirer, en outre, avec une maîtrise incontestable, des conclusions fécondes, que par une concentration intense propre à son génie il a fait concourir à la fixation de la vérité sociale d'après la pensée de tous les sages et l'expérience de toutes les races humaines.

On verra par un exemple comment Le Play faisait magistralement siennes les pensées que des auteurs, souvent étrangers à sa préoccupation principale, avaient émises avant lui.

Une après-midi, j'avais apporté la *Vita nuova* de Vico, traduite par Michelet, pour solliciter de M. Le Play un avis critique sur cet ouvrage, et après l'avoir longuement parcouru, nous nous étions arrêtés à ce passage où Vico formule que : « La grande idée de *la science économique* fut réalisée dès l'origine, savoir : qu'il faut que les pères, par leur travail et leur industrie, laissent à leurs fils un patrimoine où ils trouvent une subsistance facile, commode et sûre, quand même ils n'auraient plus aucun rapport avec les étrangers, quand même toutes les ressources de l'état social viendraient à leur manquer, quand même il n'y aurait plus de cités ; de sorte qu'en supposant les dernières calamités, *les familles subsistent comme origine de nouvelles nations* (*Œuvres choisies de Vico*, t. II, p. 107-8).

« Cherchons là date exacte de la publication de cette œuvre, fit vivement M. Le Play, en écoutant cette conclusion admirable et après me l'avoir fait relire. — Puis, entendue la date : « Au début du xviii⁰ siècle donc? Cette pensée nous appartient, mon ami, s'écria-t-il enthousiaste, elle est d'une bonne époque, d'une époque où l'on savait encore rechercher la vérité pour elle-même, et la dire hardiment, sincèrement ; voyez-vous comme en cherchant bien on doit trouver que tout a été dit sur les conditions du bonheur. »

Si l'on veut bien se reporter au texte de la page 391 des *Ouvriers européens*, tome Ier, où cette citation se trouve placée en note, on verra avec quelle supériorité morale M. Le Play, — reprenant son bien où il le trouvait, — savait encore hausser d'un degré, en les précisant, les jugements les plus élevés de la philosophie de l'histoire.

M. Le Play rédigeait facilement, toujours d'un premier jet, quitte à sectionner ensuite patiemment en plusieurs traits la phrase primitive, car il ne pouvait pas supporter les longues périodes ; son éloquence résidait moins, en effet, dans la forme verbale que dans la force des idées exprimées ; aussi, à première vue, sa pensée, nombreuse et symphonique pour ainsi dire, semble-t-elle un peu tendue, et quand Montalembert disait qu'il ne lisait du Le Play que « à raison de quatre pages par jour », c'était surtout, je pense, pour marquer de quelle intensité lui paraissait douée cette prose virile, sobre, et qui fuyait les ornements et jusqu'à la moindre métaphore. Combien alerte et juvénile cependant, avait été auparavant cette plume, plus tard si pondérée, si typographique presque, on l'a vu par la publication récente des lettres de voyages faite par son fils (1). J'en peux donner un autre témoignage que je crois peu connu. Je fais allusion à une étude ancienne de M. Le Play sur les *Cosaques du Don*, parue dans le *Magasin pittoresque* en 1839.

(1) *Voyages en Europe*, de 1829 à 1854, extraits de la *Correspondance de Frédéric Le Play*, par Albert Le Play. Paris, Plon, 1899 : in-12. — En tête de ce volume se trouve une notice émanée d'un vieil ami de M. Le Play, M. Lefébure de Fourcy. Rappelons, à cette occasion, deux études de M. E. Cheysson : *Frédéric Le Play : l'homme, la méthode, la doctrine*, Paris, 1896 ; et : *Le Play*, trois discours prononcés à l'occasion de son centenaire, 11-14 juin 1906.

Ce sont trois articles, accompagnés de dessins dus au crayon exercé de M. Le Play : portrait d'un sous-officier kosak en grande tenue ; — église cosaque, ancienne architecture moscovite et église russe d'un grand village près d'Odessa ; — cuisine sous terre dans la steppe ; — guitare kosaque (face et profil), au 50° de la grandeur naturelle (1). Ces articles me furent l'occasion, — bienheureuse comme on pourra juger, — d'une découverte de documents, inédits jusque-là, mais de la plus grande importance pour la biographie et les habitudes de notre Maître vénéré.

« Ces articles que vous venez de déterrer dans le *Magasin pittoresque* (entre parenthèses, vous êtes un terrible chercheur, mon ami, — me dit-il), je les ai écrits à la demande de mon ordinaire compagnon Jean Reynaud pour son ami Charton ; j'en avais pris les notes en cours de route, et c'est en rentrant à Paris, en revoyant nos petits cahiers de voyage que Reynaud m'en demanda la rédaction. — Il y avait là matière à bien d'autres, ajouta M. Le Play en frappant de la main sur une caisse qu'il venait de faire apporter dans son cabinet de travail pour satisfaire à ma curiosité, — et ils ont été déjà bien explorés pour la 1re édition des *Ouvriers européens.* »

J'avais sous les yeux le recueil d'observations, de renseignements de toutes sortes, chiffres, vues de machines et d'usines, croquis géologiques, coupes et profils de paysages, que M. Le Play fixait soit au crayon, — le jour, — soit, à tête reposée, à la plume, en arrivant à l'étape. — « Nous allons trier et nous débarrasser du plus grand nombre quand vous y aurez jeté un coup d'œil, puisque ce fatras vous intéresse », me dit amicalement M. Le Play.

Dès le lendemain matin, je commençais mon exploration dans ses valises et caissons.

Au fur et à mesure de ma lecture, je signalais à l'auteur de ces notes tel trait d'improvisation qui nécessitait pour moi une explication complémentaire, telle totalisation de statistique ou tel graphique dressé sur place qui devaient me donner occasion de réveiller des souvenirs qu'il me semblait opportun de recueillir. Ma récolte faite : « Brûlez, mon ami, brûlez ; tout cela n'est plus qu'encom-

(1) Cf. *Magasin pittoresque*, année 1839, p. 12, 48, 80 et 120. Une note les signale comme émanant « de notre collaborateur L... »; peut-être en effet quelques autres études de M. Le Play avaient-elles précédé celle-là dans le même recueil.

brant. » — Et sur son ordre, je jetai ainsi au feu de la cheminée une douzaine de ces cahiers, non sans quelque protestation. Le jour suivant, je crus devoir aviser Mme Le Play, en lui assurant que je n'étais complice d'un tel vandalisme qu'à mon corps défendant, et il fut convenu que je devais chercher à gagner du temps, et que, pendant le répit que j'obtiendrais sûrement, Mme Le Play interviendrait pour sauver le restant des petits cahiers de notes.

« Puisque vous voulez vous débarrasser de ces papiers, — demandai-je le jour suivant à M. Le Play, — et les annuler, donnez-les-moi. — Vous leur trouvez donc un intérêt bien particulier ? — C'est le meilleur memento pour dresser votre biographie avec exactitude. » — Et je lui soulignai des dates, des noms propres. « Eh bien ! étudiez-les à loisir, conclut M. Le Play, puis nous les utiliserons au mieux de votre projet, s'il y a lieu. »

Peu après, M. Le Play consentit à rédiger les notes autobiographiques qui figurent dans le tome Ier des *Ouvriers européens*, livre IIIe, au cours de « l'Histoire de la Méthode d'après les faits observés de 1829 à 1879 ».

Longue vie qui se prolongea encore pendant trois années, toute pleine du travail le plus désintéressé pour l'apostolat de la vérité ; apostolat généreux, s'il en fut, qui lui faisait s'appliquer à lui-même le cri de saint Paul : « Je me suis fait tout à tous », et qu'il porta, lui aussi, pour ainsi dire, jusqu'à l'effusion du sang, lorsqu'il cessa de vivre, le 4 avril 1882 ; en effet, depuis deux ans, un anévrisme de l'aorte causait des désordres « dont se préoccupaient déjà ses proches et ses amis », rappelait le surlendemain de sa mort un de nos plus jeunes amis (1), dans une étude d'où il faut détacher ce vivant portrait :

Petit, d'un tempérament sec, nerveux et agile, simplement vêtu, presque toujours en veston bleu...: le front haut, découvert, fortement bombé, les yeux enfoncés, perçants, le regard calme et droit, habituellement baissé vers la terre, de temps à autre se levant rapide, étonnant de pénétration et de puissance ; on y lisait sa profonde connaissance des hommes. Les sourcils proéminents, fortement ombrés, avec quelque chose de convergeant dans tout le visage, — une loupe ramenant tous les rayons pour en centupler la puissance sur un point unique.

... Il fallait pénétrer dans son intérieur pour jouir de ses qualités de gaieté, d'amabilité, de bonté exquise.

... Dans le grand appartement de la place Saint-Sulpice, antichambre

(1) Le baron F. d'Artigues, dans *le Clairon* du 6 avril 1882.

modeste, une banquette, une table, un porte-manteau. — Le cabinet, vaste, nu ; un bureau ; au mur quelques rayons avec peu de livres, fort peu de livres ; à la fenêtre, un pupitre haut pour son secrétaire.

... Le soir, la maison est ouverte. Mise très simple, les amis viennent comme ils veulent... M. Le Play est sur une chaise en cuir... Vous êtes annoncé, il se lève, sa figure s'épanouit, et avec une mémoire étonnante, il vous questionne rapidement. Pendant ce temps, deux regards et vous êtes jugé.

On a publié d'intéressants recueils de la Correspondance générale de M. Le Play, avec M. de Ribbe, par exemple, pour ne parler que d'un de ses plus anciens adhérents ; ses plus jeunes disciples pourraient en fournir de bien touchantes, bien pleines du plus affable esprit de patronage. — Entre autres, en voici une que je n'hésite pas à citer ici, quoiqu'elle me soit toute personnelle, parce que le fonds en est plus général et porte sur une leçon de méthode qui fut la même pour tous ses amis :

10 septembre 1879.

J'apprends avec grand plaisir que vous croyez avoir réuni tous les éléments de votre étude : je m'en réjouis, car j'ai craint que seul vous n'ayez pu faire récolte complète. M. de Tourville me parle en effet de difficultés surmontées « *en grande partie* » par Urbain Guérin et Reviers de Mauny. En cette matière, on n'a rien fait tant que tout n'est pas fait...

Comme vous ne pouvez me dire à distance ce que vous avez recueilli, je ne saurais vous dire ce qui vous manque. Je me borne donc à vous dire les cas que j'ai généralement rencontrés chez les pêcheurs côtiers en ce qui touche le point essentiel, la sécurité de l'existence.

J'ai trouvé, avec un grand fonds de moralité commun à tous les types, trois cas principaux :

1º Le pêcheur possède sa barque et un domaine rural cultivé par la partie de la famille qui ne va pas à la mer. — On prélève sur chaque pêche ce qui est nécessaire pour renouveler la barque ;

2º La barque appartient à un capitaliste ; le pêcheur a son domaine comme dans le cas précédent ;

3º Même état, sans barque et sans domaine.

J'ai connu dans ma jeunesse les deux premiers cas en France. J'ai vu depuis les pêcheurs les abandonner pour éviter les licitations et liquidations ruineuses des partages forcés.

Si Martigues est aussi désorganisé que le reste de la France, je ne serais pas étonné que le pêcheur, si fécond partout hors de France, ne pût recevoir de ses enfants la *pension de retraite.*

En ce qui touche la campagne prochaine, mon avis est que vous devez surtout vous préoccuper de prendre rang parmi nos monographes. Je me ferai un plaisir de vous aider quand vous le désirerez, le soir, de mes conseils.

Je travaille toujours beaucoup, mais l'état de contrainte est fini avec la *Méthode Sociale ;* j'ai tout le temps de répondre avec quiétude à mes amis...

F. Le Play,

En post-scriptum : J'ai vu hier le Cardinal. Il est fort content du petit livre que j'ai fait et qui a pour titre : « La Synthèse des Ouvriers européens » [devenu *La Constitution essentielle de l'Humanité.*] Il part pour Rome. Il renouvellera plus amplement l'éloge commencé en novembre dernier sur l'école de la « Paix sociale ».

Ce dernier trait m'amène à choisir dans la longue correspondance dont je fus chargé par la suite par M. Le Play, — et dont j'étais autorisé à conserver à part moi le souvenir par des extraits, des minutes ou des copies, — une lettre qui répondra, par sa ferme modération, aux objections faites parfois à M. Le Play par des amis ou des membres du clergé (1) :

A M. l'abbé Rouillot, auteur d'une brochure : *Études sociales.*

2 septembre 1881.

Les études sociales sont utiles à tous les penseurs, mais en particulier au clergé, à raison du rôle qui lui revient dans la société. Elles lui deviennent surtout plus indispensables dans ce moment où trop d'esprits aveuglés se détournent de l'Église pour se jeter dans les bras de ce qu'on appelle « la Science ». Dès lors le clergé ne doit pas hésiter à aborder sur leur terrain ceux qui s'éloignent du sien. Il ne s'agit pas pour lui de renoncer à la méthode théologique, à celle qui part de l'affirmation des principes, mais d'y joindre celle de l'observation des faits et des inductions qu'on en tire. C'est une nouvelle arme ajoutée à son arsenal, une pièce de plus à son armure.

D'ailleurs, comme on doit s'y attendre *à priori*, les deux méthodes concourent. La vérité étant au sommet, tout chemin qui monte y conduit.

Vous avez donc eu grandement raison d'entrer dans cette voie, où vous attiraient saint Paul, saint François-Xavier et les plus grands prélats de notre temps si troublé. Je souhaite de tout mon cœur que plusieurs de vos collègues vous y suivent. Je suis sûr qu'en le faisant ils y trouveraient l'emploi fécond des loisirs que peut leur laisser le ministère, de nobles jouissances de l'esprit et du cœur, et surtout une précieuse source d'influence qu'ils feraient tourner au plus grand bien des âmes et de la société.

F. LE PLAY (2).

Dans le petit jardin du Luxembourg qui confine à l'angle des rues de Vaugirard et Bonaparte, — un rosier à fleurs blanches, qu'on retaillait chaque année en large guéridon à la surface duquel s'étalait la floraison toujours abondante, attirait depuis quelque temps l'attention de M. Le Play, et il s'arrêtait au bord du chemin pour en compter les fleurs. On dit que Napoléon Ier vers la fin de sa vie impériale s'occupait ainsi, tout en chevauchant, à énumérer les

(1) Cf. Paul Escard, *Le Play catholique*, pages   et sqq. d'un tirage à part d'articles parus dans *la Science catholique*, 1903.
(2) Reproduite dans *le Clairon* du 7 avril 1882.

fenêtres des maisons devant lesquelles il passait à la tête de son état-major : y aurait-il un moment dans l'existence des plus forts esprits où il ne leur reste de vigueur, par suite de vieillissement ou de fatigue passagère, que juste pour saisir encore les élémentaires rapports arithmétiques des choses ? Il semble qu'il en fut ainsi pour M. Le Play vers la fin de l'été de 1881, où la dernière maladie vint l'atteindre ; il n'avait pas manqué de venir voir chaque jour la multiplication ou la déperdition des fleurs du rosier, et la veille de celui où il commença à garder la chambre, il en compta 125, nombre qu'il me recommanda de noter. C'est dans l'hiver qui suivit que le bel arbuste mourut du froid si intense et si long qui sévit en 1881-1882, après une floraison si abondante. Ainsi en fut-il de M. Le Play : son labeur le plus fertile fut peut-être celui de sa dernière saison.

On trouve à la fin du premier volume des *Ouvriers européens* une carte d'Europe (1) divisée en trois grandes sections par des teintes plates, grise, verte, rose, représentant successivement, en allant d'Orient en Occident, les populations patriarcales, les populations stables, les populations ébranlées et désorganisées ; la teinte grise recouvre le territoire de la Russie et de l'Autriche, non compris Vienne, et la Turquie ; — la teinte verte est étendue sur les populations du Nord : l'Angleterre, la Suède, la Norvège, les provinces baltiques de l'Allemagne ; elle devait d'abord s'étendre plus à l'Ouest et au Sud et comprendre le sol de Berlin ; avant d'accepter cette dernière ville dans la section des peuples stables, M. Le Play eut plusieurs jours de pénible hésitation ; il consulta ses souvenirs, ses sentiments ; il eut à ce sujet une correspondance par laquelle il provoqua des jugements sur l'état moral de la Prusse depuis la guerre ; et, en conclusion définitive, il fit placer sur cette carte, qui résume en quelque sorte *les Ouvriers européens*, Berlin au rang des populations ébranlées. — Hélas ! c'était bien plus bas encore, comme nation et race ébranlée jusqu'à la désorganisation, qu'il devait être amené, dans le même esprit de raison et d'expérience, à placer la France, sa chère patrie.

Ah ! cette tant chère patrie ! cette belle France, comme il l'aurait voulue toujours grande, toujours en haut et en avant, comme elle avait si longtemps été. Jamais il ne désespérait de cette pensée : « Les réformistes novateurs feront ce que ne pourront pas faire

---

(1) Cette carte a été dressée par M. Focillon, sous la direction de M. Le Play.

les réformistes traditionnels, » répétait-il. Hélas ! on voit aujourd'hui que ni les uns ni les autres n'ont répondu à toute son espérance.

Des préoccupations plus générales tendaient aussi sa pensée plus loin que nos frontières : « Que va devenir toute l'Europe? » nous disait-il souvent ; et son regard se portait bien au delà du Rhin et du Danube, et de l'Oural même, et embrassant l'espace entier de la terre habitée, s'étant demandé dans une étude prophétique qui fut en quelque sorte son testament comme son dernier écrit, quel destin était réservé dorénavant aux « grands Empires » et aux « petits États », il se répondait (1) que l'Europe ne pouvait être sauvée que par l'union de ces derniers. Le mot d'*États-Unis* de l'Europe lui était peut-être bien venu en l'esprit à cette occasion, mais il ne l'écrivit pas, sans doute pour ne pas préjuger des formes constitutionnelles à préconiser sur ce sujet, car M. Le Play se gardait de toute profession de foi politique.

Pouvait-il cependant ne pas avoir sur ces questions, comme sur toutes autres, des vues pénétrantes et souveraines !...

Il avait approfondi tous les problèmes qui avaient passé devant son intelligence; il avait connu, comme Commissaire général des Expositions universelles de 1859 et de 1867, les plus éminents diplomates du siècle, et l'on peut être sûr qu'aucune personnalité importante du monde du travail, de la finance, de la politique n'avait conversé en vain devant lui sur la destinée des nations. Un jour que je répétais devant M. Le Play, à ma façon, un mot célèbre : « Il nous faut faire face à l'Est, n'est-ce pas, cher Maître, et toujours face à l'Est ? — Oui, fit-il, mais face à l'Est, toute l'Europe, et non pas seulement la France. C'est vers les empires du soleil levant que nous devons le plus attentivement regarder. » — Après la fermeture de l'Exposition si brillante de 1867, me raconta-t-il ce jour-là, le commissaire de la section chinoise offrit à Mme Le Play, en souvenir de la fréquentation de notre maison, un éventail d'origine; il était d'un travail habile, et comme en savent exécuter ces esprits déliés qui ont inventé bien avant les Occidentaux le papier, la porcelaine, l'imprimerie, et aussi, dit-on, la poudre. Mme Le Play le montrait volontiers de temps à autre à ses amis, à ses invités; —

(1) *Annuaire d'Economie sociale*, Ire partie, 1880, tome V, pp. 1 à 25. Les diagrammes qui accompagnent cet article sont dus à M. E. Cheysson. M. Le Play les a reproduits dans *La Constitution essentielle de l'Humanité* (1881), p. 203.

dans une de ses réceptions, plus tard, se trouva parmi les convives un sinologue que quelques lignes de texte chinois, tracées sur l'étoffe, parurent sérieusement intéresser. — « C'est la formule d'une offrande, sans doute, demanda quelqu'un. — Oui, mais bien particulièrement aimable, voyez ; ces caractères disent ceci : « Quand nos armées envahiront l'Occident, elles respecteront la maison de cet honnête homme (1). »

Qui lira ces *ultima verba* de M. Le Play sur « les Grands Empires et les petits États » verra quelles considérations plus sérieuses l'avaient amené à prévoir le formidable danger que recèle pour l'Europe divisée sur toutes les questions sociales cet Extrême-Orient aux populations si fécondes et si hardies, et si fermement confédérées ; — danger que le dernier conflit entre l'Extrême-Asie et une pourtant grande nation de l'Europe vient de rendre manifeste pour tous.

Ce grave avertissement, l'Europe semble bien l'avoir compris, mais que n'est-elle aussi attentive aux désordres effrayants que la pratique de la discorde lui promet pour un avenir peu éloigné peut-être, — et la France que n'entend-elle cette voix généreuse qui lui dit : Reprends les coutumes de paix sociale des ancêtres! reprends-les tandis qu'il en est temps encore, ne te divise pas davantage, ressaisis-toi dans le devoir tandis qu'il te reste encore la force de te réformer et avant que tu ne sois plus — d'autres nations ont eu ce destin — qu'une race pleine du contentement d'elle-même, de sa richesse, de son savoir, mais que le reste du monde, montant toujours en progrès moral, laissera s'éteindre lentement au bord du finistère européen.

FRANÇOIS ESGARD.

------

(1) La bibliothèque du prince Roland Bonaparte possède un ouvrage en langue chinoise dont le titre est celui-ci : *Description des Peuples tributaires de l'Empire de Chine*. Or, la France y est représentée, parmi les autres sujets des Célestes, par un personnage en costume du temps de Louis XV ; — déjà !